Elisabeth Zöller

Jetzt bist du fällig!
Geschichten gegen Gewalt

Elisabeth Zöller

Jetzt bist du fällig!

Geschichten gegen Gewalt

Mit Illustrationen von Anette Bley

Zu diesem Buch steht eine Lehrerhandreichung
zum kostenlosen Download bereit unter
http://www.loewe-schule.de

ISBN 978-3-7855-7857-5
1. Auflage 2014 als Loewe-Schulausgabe
© 2005 Loewe Verlag GmbH, Bindlach
Umschlag- und Innenillustration: Anette Bley
Umschlaggestaltung: Elke Kohlmann
Printed in Germany

www.loewe-verlag.de

Inhalt

Gemein ist geheim

„Tilda, aufstehen!", ruft
Mama.

Tilda zieht sich die
Decke über den Kopf.
Sie will nicht. Nicht
aufstehen und vor allem
nicht zur Schule. Dort

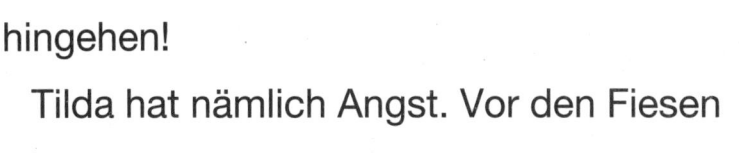

würde sie am liebsten überhaupt nie mehr
hingehen!

Tilda hat nämlich Angst. Vor den Fiesen
Vier aus der Vierten. Die ärgern Tilda jeden
Tag. Eine total gemeine Mädchenbande
ist das! Die Dicke Dodi, die Fette Feli,
Franziska mit der Faust und Gesine, die
Schlimmste von allen.

Gesine befiehlt. Und die andern machen,

was Gesine will. Weil sie Angst haben vor ihr.

Tilda fängt an zu zittern, wenn sie nur an die alle denkt. Die Oberfiesgemeinen!

Erst gestern haben sie Tilda hinter der Turnhalle hingeschmissen in den Dreck. Gesine hat angefangen, ihr ein Bein zu stellen.

„Gemein sein muss geheim sein", hat sie dann auch noch gesagt, mit der Faust gedroht, gegrinst und wiederholt: „Gemein ist geheim, klar?"

„Denn sonst bist du 'ne Ätze, Petze", hat Feli gelacht. „Also, Zitter-gaul, halt's Maul!"

Dodi hat gegrinst

und gedroht: „Über diese Lippen kommt kein klitzekleines Wörtchen. Klar, du kleine Kullerpetze, alte Hexe?"

„Guckt mal, wie der Angstbeutel zittert!", hat Franziska gerufen und Tilda so lange geschubst, bis sie hinfiel.

„Gemein ist geheim!", haben alle im Chor gesungen und gelacht.

Warum machen die das?

Frau Heilmann, die Sportlehrerin, hat Tilda weinend am Boden liegen sehen, ihr die Hand gegeben und gemeint: „Mensch, Tilda, bist wohl hingefallen? Wie ist das denn passiert?"

Aber Tilda hat nichts gesagt. Vielleicht sollte sie so etwas einfach wegstecken. Aber wenn die geheimen Gemeinheiten zu viel werden, kann das keiner mehr.

Selbst der Stärkste nicht. Und das darf man auch nicht mehr. Ganz bestimmt darf man das dann nicht mehr einfach weg-stecken.

Tilda ist traurig nach Hause gelaufen. „Mama, Mama", hat sie schon an der Tür gerufen. Aber Mama war einkaufen.

So ist das immer. Wenn man einen zum Reden braucht, ist keiner da. Also hat sie sich vor den Fernseher gehockt und Chips gefuttert. Deswegen hat Mama sofort gemeckert, als sie kam.

Nach so einer Meckerei hat man keine Lust mehr zum Erzählen. Da sitzen die Worte im Hals fest, weil Mama das mit den Chips viel wichtiger ist als ihr Kummer. Oder?

Außerdem: Wenn man Angst hat, kann

man sowieso nicht richtig sprechen und auch nicht mehr schreien. Der Mund ist dann von der Angst verklebt. Die Angst macht einen still und stumm und einsam und dumm.

„Tilda, aufstehen!", ruft Mama schon wieder. Da kriecht Tilda endlich aus dem Bett. Langsam, ganz langsam geht sie ins Badezimmer. Langsam, ganz langsam putzt sie sich die Zähne.

Ob sie heute mit Mama sprechen kann? Oder mit Papa?

Sie will eigentlich. Auch Papa soll das hören.

Aber sie schämt sich auch, weil sie sich so klein vorkommt und wie ein Dummi. Wenn man so ein Angstbeutel und Dummi geworden ist, dann schämt man sich sogar vor den eigenen Eltern. Tilda weint. Die Angst drängelt sich vor bis zwischen Papa und Mama und sie. So schlimm ist die.

Und Mama ist heute sowieso miesmuffelig und drängelig. Und drängelige Morgenmamas kann Tilda überhaupt nicht haben!

„Warum isst du so langsam?", quengelt sie beim Frühstück. „Ist dein Ranzen gepackt? Beeil dich! Du hast ja mal wieder total die Trödelnummer drauf."

Mama muss heute arbeiten. Dann ist sie oft so eine drängelige

Morgenmama. Und einer solchen quengeligen Morgenmama kann man wirklich nichts erzählen. Vor allen Dingen nicht so etwas.

Und Papa? Von dem sieht Tilda morgens eigentlich nur die Zeitung mit zwei Schuhen drunter. Das ist ihr Morgenpapa.

Dann bleibt gemein also doch geheim. Genau wie die Fiesen das wollen!

Aber heute Mittag, da will sie es Mama endlich erzählen. Ganz bestimmt!

Doch als Tilda von der Schule nach Hause kommt, sagt Mama als Erstes: „Ich bekomme um drei Uhr Besuch. Kannst du mir ein bisschen helfen?"

Wieder nichts! Einer Mama, die Besuch bekommt, kann man auch nichts erzählen.

So eine Mama muss nämlich als Erstes noch das Gästeklo putzen, die Handtücher falten, frische Blumen hinstellen, Kuchen holen, sich schminken, den Tisch decken und die Servietten richtig zupfen.

So eine Mama sieht noch nicht mal, dass man traurig ist.

„Musst du heute nicht zum Ballett?", fragt Mama mitten in Tildas Gedanken hinein.

Auch das noch! Dazu hat Tilda echt keine Lust.

Aber beim Ballett ist Hannah, Tildas beste Freundin. Der kann sie alles erzählen. Das alles von den Fiesen Vier aus der Vierten.

Tilda holt ihre Ballettschlappen, schlüpft schnell in ihren Anorak und ruft noch schneller: „Tschüss, Mama."

Sie zieht die Tür zu und hüpft los zu
Hannah.

„Hallo, Tilda", ruft Hannah. „Komm rein."

„Hallo, Hannah. Duu …"

Und dann erzählt Tilda. Gut, dass sie
noch alleine sind. Hannah hört richtig zu.

Tilda erzählt Hannah alles.

Vor allem: Gemein ist geheim. Und Ätze,
Petze, alte Hexe. Hannah sagt ganz ruhig:
„Du bist keine Petze. Das sagen die doch
nur, weil die sich selbst schützen wollen.
Feiglinge sind das! Dumme Feiglinge!"

„Echt? Also bin ich keine Petze?"

„Nein", sagt Hannah. „Du musst sogar
reden. Nur andere können dir helfen. Die
Fiesen tun sich doch auch zusammen. Zu
viert suchen die sich einen, den sie ärgern.
Und der darf nicht sprechen. Den machen

die fertig, nur damit die lachen können
und ihren Spaß haben. Bei denen piept's
doch wohl!"

„Bei denen piept's sogar ziemlich laut!"
Zum ersten Mal kann Tilda wieder lachen.

Tildas Angst wird dabei schon kleiner.
Der Angstbeutel schrumpft. *Pfpfpfpf!* So
klein wie ein Fußball, aus dem die Luft
rausgeht. *Pfpfpf!* Wie eine Eierpflaume,
so klein wird die Angst. Das fühlt sich total
gut an, die klitzekleine Angsteierpflaume in
ihrem klitzeklein zusammengeschrumpelten
Angstbeutelbauch.

Und dann hat Hannah eine tolle Idee:
„Ich hole dich jetzt morgens immer ab,
zusammen mit Hilde. Die wohnt nebenan
und geht bestimmt den Umweg mit."

„Echt?", fragt Tilda erstaunt.

„Klar", sagt Hannah. „Dann sind wir zu dritt. Und zu dritt kann man Hilfe holen."

„Und man hat einen Zeugen." Tilda freut sich jetzt sogar auf den Schulweg. Sie fühlt sich gleich viel stärker.

Aber Hannah sagt ihr auch: „Du musst mit deinem Papa und deiner Mama reden. Die müssen doch wissen, was mit dir los ist!"

Hannah hat recht. Tilda wird alles erzählen.

Wenigstens Mama. Auch Papa? Das ist schon ein kleines bisschen schwieriger. Weil Papa manchmal so coole Sprüche draufhat. Aber gleichzeitig ist er auch ein sehr, sehr lieber Papa. Bei Papa kennt Tilda sich nicht so richtig aus. Der ist supercool und knuddellieb. So gestreift ist der, cool-lieb gestreift.

Aber am Abend, als Tilda nach Hause kommt, da haben Papa und Mama ihr einen Zettel hingelegt, sie wären bei Oma. Der ginge es nicht gut.

Ihr geht es doch auch nicht gut! Das merken Mama und Papa wohl gar nicht …

Wenigstens weiß Hannah endlich alles. Deswegen geht es Tilda schon ein bisschen besser. Mit den Worten fliegt nämlich die Angst weg. Gemein ist jetzt nicht mehr geheim. Hannah wird ihr helfen.

Doch am nächsten Morgen klingelt das Telefon und Hannah ist dran: „Ich hab verschlafen und kann dich nicht abholen, komme aber so schnell wie möglich nach."

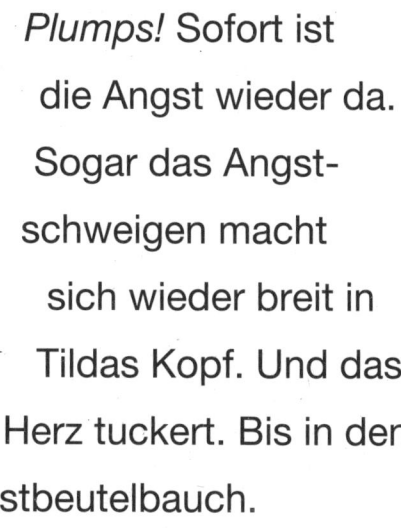

Plumps! Sofort ist die Angst wieder da. Sogar das Angstschweigen macht sich wieder breit in Tildas Kopf. Und das Herz tuckert. Bis in den Angstbeutelbauch.

Tilda geht alleine los. Zuerst langsam und trödelig. Dann immer schneller.

Tilda rennt. Aber ... da steht plötzlich Dodi vor ihr und baut sich auf. Riesengroß.

„Na, Babyklein?"

Vielleicht kommt Tilda ja ganz schnell vorbei. Bestimmt!

Tilda hat es geschafft!

Da fängt Dodi zu lachen an. Und hört überhaupt nicht mehr auf.

Tilda schaut sich um: Die anderen drei stehen da. Zu groß, zu stark, zu viele für Tilda!

„Na, Babyklein", sagt Gesine.

„Ihr seid gemein." Tilda stampft auf.

„Aber gemein bleibt geheim. Ist klar, Babyklein", macht die Fette Feli weiter. Die große Dodi will ihr gerade in den Bauch treten, Franziska mit der Faust schlägt zu.

Peng!

„Superstark", ruft sie.

Da kommt jemand angestürmt. Jemand schreit laut „Stopp!" und streckt seine große Stopphand aus.

Die Fiesen Vier lachen. „Noch so ein Baby."

„Stopp!", ruft die Stimme wieder.

Das ist eine tolle, feste Stimme. Aber …
das ist ja Hannah! Ist die schon da?

„Verzieht euch!" Hannah streckt denen
ganz klar und groß ihre Stopphand ent-
gegen. „Zu viert auf einen, das ist total
unfair! Unfair, gemein und fies, ihr Fiesen
Vier!" Hannah stemmt die Hände in die
Hüften.

Die Fiesen Vier er-
schrecken kurz, aber
dann stürzen sie sich
allesamt auf Hannah!
Hannah fängt an zu
schreien. Laut! Wie
eine Sirene!

Dann dreht sie
sich zu einem Herrn
auf der gegenüber-

liegenden Straßenseite um und ruft
ihm laut zu: „Würden Sie uns helfen,
bitte?"

Dass die sich das traut! Die fragt einen,
den sie überhaupt nicht kennt.

Der Herr nickt und kommt sofort herüber-
gesprungen. Da hauen die Fiesen Vier im
Schweinsgalopp ab: die Dicke Dodi, die
Fette Feli, Gesine und Franziska mit der
Faust.

„Rumpeldipumpel, weg ist der Kumpel",
lacht der Mann.

„Danke", flüstert Tilda.

„Rumpeldipumpel, weg ist der Kumpel",
lachen alle zusammen.

„Klasse", sagt Hannahs Nachbarin Hilde,
die auch noch angerannt kommt und gerade
helfen wollte: „Rumpeldipumpeldin, weg

ist die Kumpelin", zischt sie. „Die sind ja vielleicht gemein!"

Sie stehen jetzt zu viert da und können schon wieder lachen. Vor allem Tilda. Die Angst ist wieder klitzeklein und kullerleicht.

In der Schule wird natürlich über nichts anderes gesprochen.

„Warum hast du denn nichts gesagt?", fragt Frau Heilmann.

„Weil die sie stumm gemacht haben", antwortet Hannah für Tilda. „Die haben gesagt: ‚Ätze, Petze, alte Hexe' und ‚gemein ist geheim'."

Frau Heilmann ist ganz erschrocken, und auch Mama und Papa. Und wie! Dass sie das nicht gemerkt haben!

In Tildas Klasse wissen jetzt alle:

Wenn man Angst hat, wird man stumm wie ein Fisch.

Aber man muss dann sprechen. Man ist keine Petze. Gemein ist nämlich überhaupt nicht geheim. Und außerdem muss man vier Dinge tun, wenn eins, zwei, drei, vier Fiese kommen:

sprechen   Stopp sagen   schreien   Hilfe holen

Dicke Dina, dünne Haut

Es läutet zur Fünfminutenpause.

Dina zieht den Kopf ein und macht sich ganz klein. Gleich wird es wieder losgehen. Sobald Frau Ahrens, ihre Deutschlehrerin, das Klassenzimmer verlassen hat, werden sich Paul, Willi und Lena auf sie stürzen.

„Wenn dich einer angreift, dich boxt oder sogar schlägt, musst du dich wehren, Dina!", hat Mama ihr immer wieder gesagt.

Doch das machen die nicht! Die schlagen nicht und die boxen nicht. Paul, Willi und

Lena verletzen sie mit Worten. Aber das tut genauso weh.

„Dina ist eine dicke Kuh, irgendwann macht Dina Muh!", fängt Paul auch schon an.

„Dina, die ist fett, wie zehn Kilo Speck!", macht Willi weiter.

Und Lena reißt Dina einfach den Schokoriegel aus der Hand. „Danke! Hmmh, Mandel-Nougat, meine Lieblingssorte!"

Dina sagt nichts. Was soll das auch bringen? Die anderen sind zu dritt und sie ist ganz alleine! Also bleibt Dina ruhig. Ruhig und klein und unauffällig. Obwohl Dina platzen könnte vor Wut!

Aber immer wenn Dina wütend oder traurig ist, schluckt sie ihre Wut einfach runter. Zusammen mit einem Riegel Schokolade.

„He, Dina, roll doch mal zum Mülleimer!"
Lena drückt Dina das Schokoriegel-Abfall-
papier in die Hand.

Es reicht! Eine dicke Träne kullert Dina
übers Gesicht.

„Ach, jetzt kommt
wieder die Heul-
nummer, oder was?"
Willi brüllt richtig.
Das kann er gut.

„Fett sein und
immer gleich flennen,
pah!", ruft Paul.

„Genau! So was haben wir gern!" Und
zum ersten Mal hebt Willi die Hand.

Dina schluchzt!

„Was ist denn hier los?" Herr Bolle, der
Klassenlehrer, betritt den Raum.

Mit einem Schlag wird es still. Mucks-
mäuschenstill.

„Willi", sagt Herr Bolle dann gefährlich
leise. „Was ich da eben von euch gehört
und gesehen habe, macht mich wütend.
Sehr wütend!"

„Wir sind auch wütend", schreit Willi.

„Ja, wir haben eine Riesenwut", ruft Paul.
„Weil wir keine Dicken in der Klasse haben
wollen!"

„Und keine Heulsusen", meint Lena.

Dina putzt sich die Nase. Herr Bolle malt
etwas an die Tafel. Aber es sind keine
Matheaufgaben. Nein.

W U T steht dort in großen roten Buch-
staben geschrieben.

„Wer von euch kann mir sagen, was Wut
ist?", fragt Herr Bolle in die Klasse.

Wieder ist es still. Keiner meldet sich.
Bis Ole den Anfang macht.

„Wut ist so etwas Ähnliches wie Angst."

„Richtig", sagt Herr Bolle. „Wut ist ein
Gefühl, genau wie Trauer, Angst, aber
auch Freude oder Glück."

„Wenn der Willi Wut hat, brüllt er immer
ganz laut", ruft Paul.

„Gar nicht, du Spinner!", brüllt Willi da
prompt los.

„Wenn man Wut hat, brüllt man immer",
behauptet Lena. „Und man läuft ganz rot
an wie eine Tomate. Oder eine Kirsche.
Oder eine Tomatenkirsche."

Alle lachen.

Herr Bolle bleibt ernst. „Es gibt Menschen,
die schreien, um ihre Wut rauszulassen",
fängt er an zu erklären. „Aber andere
werden ganz leise und behalten ihre Wut
für sich. Sie schlucken sie runter, und da
bleibt die Wut dann im Bauch und schmeckt
ganz schrecklich. Und manchmal muss man
dann noch etwas essen – Schokolade zum
Beispiel –, damit die Wut nicht mehr ganz
so schrecklich schmeckt."

Herr Bolle lächelt Dina an. Dina lächelt
zaghaft zurück.

„Und wenn man viel Wut hat, isst man

jede Menge Schokolade und wird dick",
sagt Leo. „So wie Dina."

Herr Bolle nickt. Er geht zu Dina und
hält ganz lieb ihre Hand. „Auch
Dina hat Wut. Wut auf euch,
weil ihr so gemein zu ihr
seid. Denn in Wirklichkeit
hat Dina eine dünne Haut.
Die macht, dass sie sich
freuen, lachen und sogar weinen kann.
Diese dünne Haut hat jeder, auch du, Willi.
Aber mit der Wut muss man lernen umzu-
gehen. Die Wut, die darf nicht stecken
bleiben. Aber die darf auch nicht einfach
so herausplatzen. Und das werden wir
jetzt üben."

„Üben?", fragt Willi mit weit geöffneten
Augen.

„Üben", sagt Herr Bolle mit seiner schönen, festen Stimme.

Und alle haben Lust dazu. Wutüben macht bestimmt Spaß!

Paul fuchtelt schon mit der Faust in der Luft.

Willi pumpt seine Wangen auf, bis er tomatenkirschrot anläuft. Lena brummt wütend vor sich hin. Und Leo stampft mit dem Bein auf dem Boden auf.

Herr Bolle räuspert sich, kratzt sich am Kopf und sagt: „Stopp! Wir wollen nicht wütend werden, sondern unsere Wut wieder loswerden."

„Und wie geht das?"

Zweiundzwanzig Köpfe fahren herum. Dina hat sich gemeldet! Zum allerersten Mal.

Herr Bolle lächelt sie an. „Wir müssen kühl werden, unsere Wut abkühlen lassen."

„Dann sind wir also ein Kühlschrank?" Willi schaut ungläubig in die Runde.

„Ja, ein Wut-und-Ärger-Kühlschrank, damit die Wut nicht so heiß den anderen ins Gesicht zischt.

Damit die Wut uns nicht wie von selbst in die Faust fährt."

Herr Bolle hat manchmal wirklich

komische Gedanken. Als wenn man

einen Kühlschrank in sich hätte oder

die Wut in der Faust säße.

Doch Herr Bolle meint es ernst.

Er schreibt ein Gedicht an die Tafel:

„Wenn wilde Wut hochsteigt, dann atme tief ein, lass fünfmal langsam die Luft in dich rein!

Zähle bis zehn, mach die Augen zu. Die Wut kann gehn. Und du bist wieder du!"

In dem Augenblick wird Willi von Ole

geschubst.

„Blödmann!", schreit Willi und fährt

gerade seine Wutfaust aus …

Da steht Herr Bolle schon bei ihm.

Er hält Willis Wutfaust in der Hand,

schaut ihn freundlich an und sagt: „Wenn
Wut hochsteigt, dann atme tief ein."

Willi versucht es. Herr Bolle lässt die
Hand los. „Und jetzt kannst du an dein
letztes Fußballspiel denken, Willi", sagt er
und gibt ihm dazu einen liebevollen Stups,
als wolle er den Gedanken anschubsen.

Willi denkt sofort an Fußball und strahlt.

Wirklich! Aus dem Wut-Willi
wird ganz schnell ein Strahle-
Willi.

„Gibt es auch welche,
die bis hundert zählen
müssen, bis die Wut sich abkühlt?", fragt
Lena.

„Bestimmt", sagt Herr Bolle. „Es gibt
welche, die sind schon ganz heiß gelaufen.
Die müssen dann sogar bis tausend zählen.

Ich glaube, jeder braucht seine eigene Wut-Kühl-Zahl."

„Der eine hat eine Hunderter-Wut, der andere eine Tausender-Wut", sagt Paul.

„So, wie der eine dicker ist und der andere dünner", murmelt Dina.

Das mit dem Wutkühlen klappt natürlich nicht jedes Mal. Bei Herrn Bolle nicht und bei Willi nicht und auch bei Dina nicht. Wut ist Wut. Man besiegt sie nicht immer. Auch wenn man den allertollsten Wutkühlschrank hat.

Herr Bolle übt drei Wochen lang mit der ganzen Klasse. Mal muss er Willis Faust halten, dann muss er zu Lena sehr laut „Stopp!" sagen. Auch Oles Kratzefinger und Pauls Wutworte bremst Herr Bolle ab.

Nur Dina sitzt mittendrin und strahlt immer mehr.

Da fragt Herr Bolle: „Und was machst du mit deiner Wut? Mit deiner Schokoladen-Schluck-Wut?"

„Ach", sagt Dina, „die puste ich jetzt einfach aus. Ich hol fünfmal tief Luft, denk dreimal an etwas Schönes und laufe dann zehn Schritte vorwärts. Geht ganz leicht auf einmal. Dabei habe ich es vorher so oft versucht. Aber jetzt klappt es endlich." Nach der Stunde geht Dina aber noch einmal zu Herrn Bolle.

Sie hat noch etwas Wichtiges auf dem Herzen. „Ich glaube, aus meiner Wut ist echter Mut geworden", flüstert sie. „Die Wut ist eine tolle Kraft. Und die hat aus der Wut-Schluck-Dina eine Mut-Dina gemacht, die nicht mehr schlucken muss." Und dabei wird sie ein bisschen rot.

„Das ist wunderbar", sagt Herr Bolle. „Darf ich mir das aufschreiben?"

„Klar."

Herr Bolle schreibt und strahlt. „Die Wut ist eine Kraft. Wut macht Mut."

Und Dina singt auf dem Nachhauseweg:

**„Wenn wilde Wut hochsteigt,
dann atme tief ein,
lass fünfmal langsam die Luft
in dich rein.**

Zähle bis zehn,

mach die Augen zu.

Die Wut kann gehn.

Und du bist wieder du!

Und aus der dicken, fetten Wut

wächst ganz langsam neuer Mut."

Und danach können alle in Ruhe

sprechen ...

Felix' Detektivheft oder
Wie man echte Probleme löst

Felix starrte auf sein leeres Heft. „Mein schönstes Erlebnis" lautete das Thema, zu dem sie einen Aufsatz schreiben sollten.

Felix saß seit einer Stunde da. Aber er wollte nicht anfangen. Nicht weil er keine schönen Erlebnisse hatte. Nein, da würden ihm eine Menge einfallen. Aber die sind alle in Hamburg geblieben. Zusammen mit Frau

Gonzen, der besten und liebsten Lehrerin der ganzen Welt, allen seinen Freunden und seinem Papa. Den sah er jetzt nur noch einmal im Monat.

In Hamburg war alles besser. Da gab es keine Frau Ahlert, die ihm nie glaubte, dass er gute Aufsätze schrieb. Und vor allem gab es keine Nicola.

Immer musste die ihn ärgern. Die nahm Sachen weg. Die klaute Matheaufgaben, las sie vor und behauptete, es wären ihre. Die hatte sogar heimlich Felix' Aufsatz aus dem Geheimfach in seinem Ranzen geholt und vorgelesen.

Alle haben gedacht, dass Nicola ihn geschrieben hat. Auch Frau Ahlert.

„Sehr schön, Nicola", hat sie nur gesagt und dann Felix aufgerufen. Aber Felix konnte nichts vorlesen. Das Geheimfach in seinem Schulranzen war pitscheleer, der Aufsatz nicht mehr da.

„Pech gehabt, du Strebersau, andre

sind halt auch so schlau", flüsterte Nicola ihm mit ihrer gemeinen Stimme von hinten ins Ohr.

Frau Ahlert war sogar richtig böse auf Felix, als er behauptete, das, was Nicola vorgelesen hätte, wäre sein Aufsatz gewesen.

„Ist doch unmöglich", hatte sie gesagt.

„Aber wahr", hatte Felix dagegengehalten. Doch seine Stimme war schon piepsig und klein.

Und Nicola hatte ihm den Stinkefinger gezeigt und fett gegrinst.

Frau Gonzen hätte so etwas sofort gemerkt. Die war einfach nur lieb und superklasse und total gerecht. Und auch der Unterricht machte viel mehr Spaß. Wie echte Detektive hatten sie sich auf Fehlersuche in Diktaten gemacht. Sogar ein richtiges Detektivheft hatten sie geführt.

Felix sah sich in seinem Zimmer um. In welchem Karton es wohl steckte? Mama und er hatten es immer noch nicht geschafft, sein Zimmer einzuräumen. „Totales Chaos", schimpfte Mama, wenn sie über Bücher, CDs und Wollpullover stolperte.

Felix wühlte in jedem Karton. Er schaute unter das Bett und unter den Schreibtisch. Nichts! Das Detektivheft war wie vom Erdboden verschluckt.

Da hatte Felix eine Idee! Er suchte das Heft, das Mama ihm eigentlich für Deutsch gekauft hatte. Aber da es keine Linien hatte, konnte er es sowieso nicht dafür

verwenden. Vorne drauf schrieb er „Felix'
Detektivheft" und innen schrieb er hinein:
„Achtung! Supergeheim!" Und einen
Totenkopf malte er drunter. Einen echten,
gruseligen.

Und dann fing er an zu schreiben:

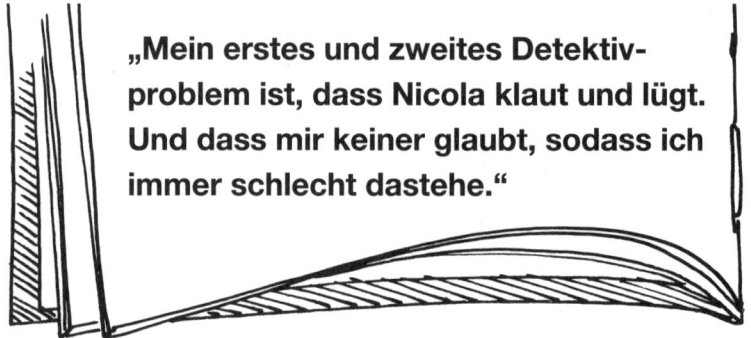

„Mein erstes und zweites Detektiv-
problem ist, dass Nicola klaut und lügt.
Und dass mir keiner glaubt, sodass ich
immer schlecht dastehe."

Er sprach das laut vor sich hin. Das hatten
sie bei Frau Gonzen so geübt: laut vorlesen!
Dann sprach man nämlich richtig mit sich.
Das machten auch große Denker, weil man
dann seinem Denken sozusagen von außen
und innen langsam auf die Spur kam.

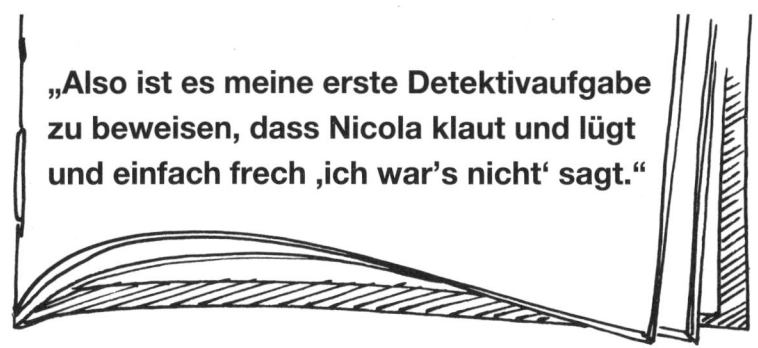

**„Also ist es meine erste Detektivaufgabe
zu beweisen, dass Nicola klaut und lügt
und einfach frech ‚ich war's nicht' sagt."**

Das war sozusagen eine dreifache
Detektivaufgabe. Dafür brauchte man fast
einen ganzen Detektivklub. Zusammen mit
anderen wäre er stärker, klar. Vor allem, weil
Nicola sich auch oft andere holte, Mädchen
und Jungen. Das tun ja alle Ärgerer.

Aber Felix kannte hier noch nicht so viele.
Also musste er diesen Fall alleine lösen.
Das würde er schon schaffen! Schließlich
war er auch ein bisschen stark! Und clever!
Denn Felix hatte schon viele Detektivbücher
gelesen.

Als Erstes musste sich jeder Detektiv mit

den W-Fragen beschäftigen. Ja, so hießen die wirklich.

Felix schrieb auf:

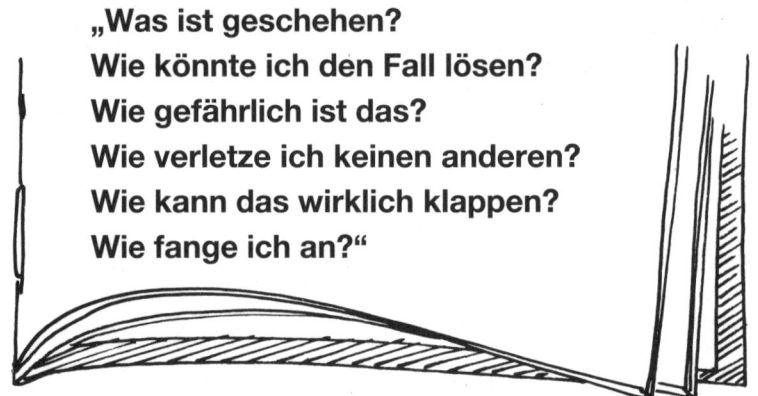

**„Was ist geschehen?
Wie könnte ich den Fall lösen?
Wie gefährlich ist das?
Wie verletze ich keinen anderen?
Wie kann das wirklich klappen?
Wie fange ich an?"**

Felix atmete tief durch. Die Detektivaufgabe war klar.

Sofort purzelten tausend Ideen durch seinen Kopf. Das ist bei einem Detektiv so.

Aber Ruhe, immer der Reihe nach und laut sprechen – das machen Superdetektive, wenn keine Verdächtigen in der Nähe sind.

Obwohl das ganz schön schwierig war.

Immer, wenn Felix dachte, konnte er nicht schreiben. Und immer, wenn er schrieb, konnte er nicht laut denken.

Da steckte Mama den Kopf zur Tür herein.

„Hallo, Felix, bin wieder da. Wie war's? Machst du Hausaufgaben? Ich dachte schon, du hättest Besuch, weil da einer gesprochen hat."

Mama blieb Gott sei Dank in der Tür stehen. Felix sagte lieber nichts, sonst würde sich Mama wieder zu einer totalen Schulausfrag-Mama entwickeln. Und die sind sehr lästig, unbequem und werden fast frech, wenn sie keine richtigen Antworten kriegen.

„Na dann", sagte Mama, „will ich mal nicht weiter

stören", und verzog sich. „Wenn du mich brauchst, ich lese erst mal Zeitung."

Eigentlich hatte er Mama nach der ganzen Sache fragen wollen. Felix wusste, eigentlich musste er das. Aber erst wollte er selbst nachdenken. Mamas stoppen nämlich meistens das richtige Nachdenken. Die wollen immer sofort anfangen, ohne alle Möglichkeiten abzuchecken. Ohne den richtigen Lösungsweg zu Ende zu denken und ohne überhaupt zu überlegen, was man alles machen könnte. Mamas machten meist Zack-Bum! oder nahmen einen in den Arm und murmelten: „Armer Felix".

Das Drücken fand Felix gut, das „Armer Felix" konnte er überhaupt nicht haben, denn Lösungen suchen war etwas anderes als olles Mama-Mitleid.

Man musste einfach cooler sein als Mamas und Mama-Mitleid. Mamas waren an der Stelle total uncool. In solchen Fällen jedenfalls. Deswegen gab es wahrscheinlich auch so wenige Detektivmamas.

Er musste selbst dem Problem auf die Spur kommen.

Felix schrieb der Reihe nach auf, was man machen könnte:

„1. Sich mit anderen zusammentun und die doofe Nicola so richtig in den Schwitzkasten nehmen."

Felix schrieb weiter:

„Der dann von hinten ordentlich welche reindonnern, bis die um Gnade winselt. Unfaire, doofe Nicola."

Das würde sogar Spaß machen.

Nur mal so ein bisschen stark sein.

„2. Nicola zusammen mit Carola und Nina auflauern und die so lange ärgern und boxen, bis sie vor Frau Ahlert stotternd alles zugäbe!"

Felix schrieb und schrieb.

„3. Mit Nicola sprechen und der ins Gesicht sagen, was sie alles machte. Vor allem, wie unfair sie war."

Wenn er das allein machte, lachte Nicola

sich doch nur tot. Er musste es beweisen.

Das Wort

„B E W E I S E N"

schrieb er noch einmal riesengroß hin.

Das war für echte Detektive eines der wichtigsten Wörter.

Da rief Mama zum Essen.

„Hilfe, doch nicht jetzt", dachte Felix.

„Ich komme. Sooofoooort!", rief er.

Und Mamas wissen natürlich genau: Wenn man „sooofooort" ruft, hat man eigentlich keine Zeit. Als echter Detektiv erst recht nicht.

„Aber das Essen ist schon auf dem Teller!", rief Mama.

„Sofooooort." Dieses Sofort hatte mindestens zehn os.

„Ich müsste Nicola auf frischer Tat er-
tappen und an ihrer Tat festkleben, damit
ich den Beweis hätte", dachte Felix laut
und schrieb noch eben ganz groß:

„FESTKLEBEN AN DER TAT",

bevor Mama platzen würde.

Felix dachte an Klebstoff. Logisch.
Wenn man einen an einer Tat festkleben
will, braucht man natürlich echten Klebstoff.
Superlogisch!

„Essen kommen!" Mama stampfte jetzt
die Treppe hoch und riss die Tür auf.

Mamas konnten superlästig sein und

nervig. Felix wusste aber auch, dass seine Mama recht hatte. Das wusste er als Felix und sogar als Detektiv.

„4. Mit Nina reden",

flüsterte er und schrieb es auf.

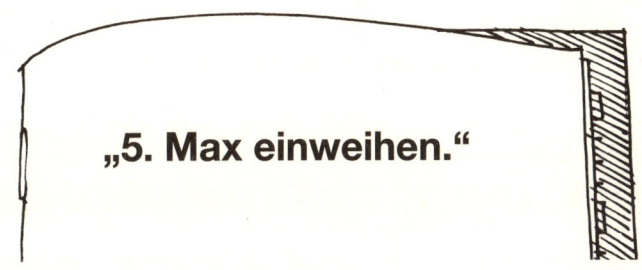

„5. Max einweihen."

Aber Max war auch nicht stark, auf jeden Fall nicht schlagstark. Nicola ärgerte Max genauso.

Felix hatte eine Seite voller Ideen. Klasse!

Mama packte ihn am Arm. „Du kommst jetzt essen." Sie grinste wenigstens noch, also war sie noch nicht richtig wütend.

Denn wütende Mamas können sehr gefährlich werden für einen geplanten Detektivnachmittag. Nur weil sie meinen, sie müssten wieder mal bestimmen.

Mama hatte Felix' Lieblingsessen gekocht: Fischstäbchen mit Pommes.

„Du bist aber heute schweigsam." Mama war ja doch ein bisschen sauer. „Magst du etwas erzählen?" Jetzt wirkte sie versöhnlicher.

Felix schüttelte den Kopf, stand auf, sagte sogar: „Mmh, war lecker", um Mama ein Fitzelchen zu versöhnen. „Ich muss jetzt weitermachen, erzähl dir später alles."

Felix lächelte Mama an. Sie klopfte ihm auf die Schulter. Sie stellten noch eben zusammen die Teller in die Spülmaschine. Da zwinkerte Mama ihm zu.

In seinem Zimmer zurück, prüfte Felix noch mal alle seine Notizen. Das war der zweite Teil seiner Detektivarbeit.

Sein erster Vorschlag war nichts. Nicola war ganz schön stark. Also war das gefährlich, auch für ihn selbst.

Außerdem war das richtig unfair – das Verkloppen zu mehreren. (Obschon es echten Spaß machen würde. Er boxte vor Lust in die Luft.) Und bei Mädchen ging das erst recht nicht. Wenn ein Junge ein Mädchen verkloppte, gab es einen Riesenaufstand in der Schule. Aber wenn Nicola ihn verkloppte und piesackte, interessierte das kein Schwein. Bei Mädchen dachten eben alle, die wären lieb. Mädchen versteckten sich hinter dem Wort „lieb" und spielten falsch. Zumindest Nicola.

Der zweite Vorschlag war nicht so plump, aber auch unfair, sogar erpresserisch.

Frau Ahlert musste gerade in Zuhörlaune sein und nicht sofort wütend werden, weil er und die anderen sich Nicola, ein „liebes Mädchen", krallten. Wenn Frau Ahlert wütend würde, wären sie die Bösewichte. Nicola würde sich die Hände reiben.

Vorschlag zwei ging auch nicht. Der wider-
sprach seiner Detektivehre.

Vorschlag drei würde überhaupt nicht
funktionieren. Nicola würde sich totlachen
und sagen: „Ich? Ich war das nicht!"

Jetzt sah er, wie verzwickt und schwierig
seine Lage war.

Er müsste Nicola auf seinem Stuhl festkleben, wenn die wieder in seinen Sachen
wühlte. Das war ein klitzebisschen unfair,
aber so, dass er es riskieren musste.
Denn Nicola war superunfair!

Aber klappte das mit dem Festkleben?

Nicola musste sich, wenn sie seinen
Ranzen durchwühlte, auf seinen Stuhl
setzen. Falls er Klebstoff fände, der nicht
stank und erst nach etwa sechs Minuten
anpappte, müsste es funktionieren.

Doch jetzt zum Zeitplan. Um unbemerkt an Felix' Sachen zu kommen, musste Nicola in der Pause heimlich ins Klassenzimmer schleichen, obwohl das immer abgeschlossen war.

Was bedeutete das? Felix überlegte. Sein Detektivhirn arbeitete auf Hochtouren.

Klar, das war es! Nicola hatte einen Schlüssel. Nur, wie sollte er dann vor ihr ins Klassenzimmer kommen und den Klebstoff auf dem Stuhl verteilen? Verflixt, das war aber auch kompliziert. Doch einen echten Superdetektiv konnte nichts so leicht erschüttern. Er fand immer eine Lösung.

Und – *schwupps!* – da war sie auch schon. Felix strahlte. Er würde sich kurz vor der Pause im Klassenschrank verstecken. Er saß ganz hinten, da würde er sicherlich unbemerkt hineinkommen. Wenn alle draußen waren, würde er seinen Klebstoff verteilen und dann sofort wieder in den Klassen- schrank kriechen – bis zu seinem großen Auftritt! Bis er Nicola vor der ganzen Klasse entlarven würde.

Ja, genau so müsste es klappen. Aber jetzt hieß es erst mal: Kleb- stoff besorgen!

Felix rannte zu Özdemir. Der hatte Schreibwaren in seinem Kiosk. Und bestimmt auch Klebstoff. Drei Euro Taschen- geld hatte Felix in die Tasche gesteckt.

Özdemir hörte sich Felix' Klebstoff-
problem an, machte eine Schublade auf
und holte fünf Sorten Kleber heraus.

„Der dürfte richtig sein", Özdemir
zwinkerte ihm zu. „Ich drück dir ganz fest
die Daumen."

Felix machte noch eine Riechprobe. Das
konnte man natürlich nur in Özdemirs Kiosk.
Er musste auch nur zwei Euro zahlen.

„Sonderpreis. Weil Nicola gemein zu dir
ist", sagte Özdemir.

Felix hüpfte nach Hause. Das war wirklich
die beste Idee aller Zeiten: Festkleben an
der Tat!

Felix brauchte schließlich einen Zeugen!
Und das würde Nicola selbst sein. Sie wäre
also Täter und Zeuge, wenn sie festkleben
würde.

Hoffentlich ging alles gut! Zittrig war er schon. Angstzittrig. Und blubbrig im Bauch.

Plötzlich waren die Zweifel wieder da. Durfte er so etwas wirklich tun? Es gab schließlich Grenzen. Aber gingen die Ärgerer nicht auch über alle Grenzen? Doch, das taten sie! Und ein guter Detektiv musste auch etwas wagen. Sogar Grenzen überschreiten. So etwas nannte man Detektivrisiko!

Am nächsten Morgen ging es endlich los! Es war kurz vor zehn. Gleich würde es zur Pause läuten.

Felix beugte sich unter Bankhöhe. Keiner guckte. Die anderen waren voll beschäftigt. Auch Frau Ahlert. Die schrieb gerade etwas an die Tafel.

Und *ruck, zuck*! – es ging ganz einfach und ohne Geräusch – saß Felix im Schrank. Die Tür ließ er einen kleinen Spalt offen. Damit er noch Luft bekam. Logisch! Und damit er alles im Blick hatte. In seinem Detektivblick!

Felix' Herz pumperte vielleicht. Wenn die das bloß nicht hörten!

Felix saß und wartete. Und der Klebstoff wartete in seiner Hosentasche.

Nach ein paar Minuten rief Frau Ahlert Felix auf. Auch das noch! Keiner antwortete. Klar!

Das konnte doch nicht sein! Wo war Felix? Er konnte sich doch nicht plötzlich in Luft auflösen!

„Hat den einer weggezaubert?", fragte Carolin.

Das war Spaß. Alle
lachten. Nur Frau
Ahlert machte: „Hm".

Sie schaute unter die
Bank, unter den Stuhl.

„Felix", rief sie.
„Felix, wo bist du?"

Aber Felix war
nicht da. Er saß
ja im Schrank!

„Unsicht-
barer Felix, Phantom, melde dich!" Doch
auch Max hatte Pech. Kein Felix weit und
breit.

„Vielleicht ist er auf dem Klo", sagte
Carolin.

Und Frau Ahlert machte nur: „Hm".

Als die Stunde dann endlich vorbei war, mussten alle nach unten auf den Schulhof.

Felix war vielleicht aufgeregt. Jetzt ging es richtig los! Es klappte alles wie am Schnürchen. Auch das mit dem Kleben. Geschafft! Schnell versteckte sich Felix wieder im Schrank. Und da kam sie: Nicola! Mit einem Schlüssel hatte sie das Klassenzimmer aufgesperrt, war auf Felix' Platz gegangen und kramte in seinem Schulranzen.

Doch dann passierte es!

Nicola wollte aufstehen – und blieb am Stuhl kleben. In der Hand hielt sie – Felix kniff die Augen zusammen – sein Aufsatzheft! Tatsächlich!

Als die Pause zu Ende war, kamen nach und nach die anderen zurück in die Klasse und wunderten sich. Die Klassentür stand offen und auf Felix' Stuhl hampelte und strampelte eine superdetektivisch ertappte Nicola!

Nora kicherte und hielt sich die Hand vor den Mund.

Moritz rief: „Nicola hat ein Gesicht wie ein Wutball."

Nicola fauchte.

Frau Ahlert kam.

„Die Tür war offen!" – „Nicola sitzt auf Felix' Platz!" – „Fest klebt die und platzt bald los!" Alle schrien durcheinander.

„Das kann nicht sein", sagte Frau Ahlert.

Felix lachte im Schrank vor sich hin.
Lehrer dachten oft, dass Sachen, die sie
sich nicht vorstellen konnten, einfach nicht
sein könnten. Aber da irrten die sich.
Vielleicht glaubte ihm Frau Ahlert ja jetzt.

„Nicola, steh auf!", befahl Frau Ahlert.
„Wie bist du überhaupt in die Klasse
gekommen? Was hattest du in der Pause
hier zu suchen?"

Aber Nicola brütete, schaute hoch,
fauchte wie ein Drache und stotterte: „Ich
w…w…wollte d…doch nur m…m…al …"

In dem Augenblick sprang die Schrank-
tür auf, Felix entstieg fast feierlich seinem
Versteck und verkündete stolz: „Ich habe
Nicola an ihrer eigenen Tat festgeklebt."

„Die klebt aber am Po fest und nicht
an der Tat." Das rief Max. Alle grinsten.

Felix holte Luft: „Jetzt liefere ich den kompletten Beweis. Nicola hat einen Schlüssel. Und in der großen Pause schleicht sie oft ins Klassenzimmer und klaut mir Sachen. Einmal nimmt sie meinen Aufsatz, liest ihn anschließend als ihren vor. Ein anderes Mal nimmt sie sich meine Matheaufgaben oder pflanzt mir eine Stink-

bombe in den Schulranzen, sodass alle
‚Stinke-Felix' zu mir sagen."

Felix stand aufrecht und Nicola saß
da wie eine wutreife Platztomate.

„Das Schlimmste aber war, dass mir
keiner geglaubt hat", sagte Felix.

„Hm", machte Frau Ahlert und wischte
sich die Stirn.

„Na und?", versuchte Nicola, sich raus-
zureden. Sie grinste sogar richtig frech
und meinte dann noch: „Ist doch egal!"

Typisch Nicola! Jetzt versuchte sie,
die Tat wegzuwischen.

Frau Ahlert drehte sich zu Nicola und
fragte sehr ernst: „Wie bist du in die Klasse
gekommen?"

„Die hat einen Schlüssel", rief Felix.

„Verräter", zischte Nicola.

„Woher hast du den Schlüssel?"
Frau Ahlert blieb endlich hart.

Nicola stotterte: „H...h...hab ich d...d...
doch g...gar n...n...nicht."

Da sprang Felix vor und sagte: „Die lügt
schon wieder! In ihrer rechten Hosentasche
ist der Schlüssel."

Frau Ahlert ging auf Nicola zu: „Leer bitte
deine rechte Hosentasche!"

„Will ich nicht." Nicola bockte.

„Will *ich* aber", sagte Frau Ahlert streng.

Frau Ahlert wollte Nicola vom Stuhl hoch-
ziehen.

Aber Nicola klebte ja fest!

„Was soll das?", fragte Frau Ahlert.

Und Nicola legte sofort wieder ihr
typisches „Ich war's nicht"-Grinsen auf.

Jetzt war Felix dran.

„Ich war das! Ich wollte Nicola an ihrer Tat festkleben", fing er an zu erzählen. „Also habe ich am Anfang der Pause ganz schnell diesen Klebstoff" – er zog ihn aus seiner rechten Hosentasche – „auf meinem Stuhl verteilt. Ich hatte mir alles genau überlegt: Die, die ärgern, überschreiten die Grenzen immer. Ich habe drei Grenzen überschritten:

Erstens bin ich verschwunden. Zweitens habe ich Nicola festgeklebt. Drittens habe ich Schuleigentum kaputt gemacht. Das gebe ich zu und bezahle auch dafür. Aber ich habe gedacht: Besser, der Stuhl geht kaputt, als ich gehe kaputt von den doofen Ärgereien. Und davon, dass mir keiner glaubt."

Das war ein typischer Felix-Detektiv-Vortrag.

„Hm." Frau Ahlert machte ein nachdenkliches Gesicht.

Da drehte Felix sich plötzlich zu Nicola, musterte sie und fragte: „Warum bist du hier eigentlich sitzen geblieben? Warum hast du dir nicht die Hose ausgezogen und bist in der Unterhose herumgelaufen?"

Felix grinste. „War dir zu peinlich! Oder? Mit einem Stuhl am Po könnte man doch auch rennen. Wäre eine neue Mode gewesen."

Das machte richtig Spaß! Schließlich meinten echte gemeine Ärgerer auch noch, sie wären die Einzigen, die ärgern könnten. Dabei kann das jedes Baby!

Da rief Frau Ahlert: „Stopp!"

Felix grinste: „Ich wollte nur mal vorführen, dass ich das auch kann, andere ärgern.

Die Ärgerer meinen immer, wir könnten nicht unfair sein. Dabei ist Unfairsein eine richtige Billignummer." Er boxte in der Luft herum.

Frau Ahlert schüttelte den Kopf: „Jetzt ist aber Schluss!"

Dann wandte sie sich an Nicola und forderte sie auf: „Rechte Hosentasche leeren!"

Nicola bockte noch immer. Frau Ahlert wollte gerade nachhelfen, da zog Nicola wirklich einen Klassenschlüssel aus der Tasche.

Frau Ahlert glaubte nicht, was sie da sah. „Woher hast du den?"

Nicola schluckte. Aber dann fasste sie

allen Mut zusammen. Den brauchte sie
jetzt.

„Es gab doch den Klassen-Reserve-
schlüssel, der immer hinten im Türmchen
hing. Den musste ich holen. Vor zwei
Wochen, als der erste Schlüssel verloren
ging. Da hab ich gesehen, dass es ein
normaler Zimmerschlüssel ist. Die gibt
es in jedem Schlüsselladen. So
einen hab ich mir gekauft und
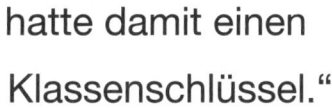
hatte damit einen
Klassenschlüssel."
Nicola hatte alles zu-
gegeben. Das war jetzt
richtig gut von ihr. Es
war das erste Mal, dass
sie bei einer Felix-Sache
nicht gelogen hatte.

Felix' Pfiffigkeit und detektivisches Gespür hatten sie festgeklebt an Tat und Wahrheit.

Endlich wusste auch Frau Ahlert Bescheid.

„Es tut mir leid, Felix", sagte sie. „Ich habe wirklich nie etwas gemerkt."

Und dann wollte sie wissen, wie Felix Nicola überführt hatte.

Da zog Felix sein Detektivheft aus der Tasche. Und las ein paar Sätze vor.

Es klingelte. Schade! So spannend und detektivisch war es in der Schule noch nie gewesen.

Am Nachmittag kaufte Felix am Kiosk eine Ansichtskarte. Die war für Frau Gonzen.

Felix schrieb:

„Liebe Frau Gonzen,
ich habe viel bei Ihnen
gelernt, denn ich kann
jetzt ganz alleine
detektivisch fragen und
habe heute einen echten
Fall gelöst.

Viele Detektiv-Grüße
auch an die anderen!

Ihr Felix-Detektiv"

Nicola aber schenkte Felix am nächsten
Tag ihre Bohnenpflanze von der Fenster-
bank, die schon sehr hoch gewachsen
war. Die war sogar am höchsten von allen.

„Entschuldigung", murmelte sie und
reichte Felix die Hand.

Felix schlug ein. Er freute sich über die
Bohne.

Eigentlich mochte er Nicola.

Die war pfiffig. Und jetzt mit der Bohne
war sie auch lieb.

Aber die war eben auch gemein.
Man kannte sich bei der nie richtig aus.

Echte Freunde und echte Detektive waren
da anders: verlässlich. Und zwar immer.
Fast immer.

Kolumbus

„Ein Verb drückt aus, dass etwas bewegt wird", erklärte Frau Henne vorne an der Tafel. „‚schwimmen' ist zum Beispiel ein Verb."

„Und ‚schlagen' und ‚draufhauen'", rief Jörg einfach in die Klasse.

Jörg saß neben Christoph. Christoph hieß eigentlich Christoph Kolomb. Aber alle nannten ihn nur Kolumbus. Erst hatte sich Christoph geärgert, weil er ja nun wirklich nicht so hieß. Aber danach hatte er ein Buch über Christoph Kolumbus gelesen und wusste ganz genau: Kolumbus war ein toller Mann!

Er war auch ziemlich klein, genau wie er. Aber er hatte die ganze Welt umsegelt.

Und Amerika entdeckt!
Ein total Großer war
Kolumbus! Kopf-
stark, fand Christoph,
und wahrscheinlich
auch fauststark wie
Jörg neben ihm.
Aber nicht so unfair.

   Christoph schnaufte durch
die Nase: Kopfstark wie Kolumbus wollte er
werden und auch fauststark.

   Er schielte auf Jörgs Heft. „Polieren", hatte
der gerade hingeschrieben. Komisches
Wort! Hinter „polieren" schrieb er: „Glatze
polieren, Fresse polieren." Klar! Der musste
wieder so etwas schreiben. Typisch!

   Jörg grinste, schob sein Heft extra zu
Christoph. Der fand das gar nicht komisch.

Sie hatten ihm heute Morgen nämlich schon die Fresse poliert, zu dritt. Und das war total unfair. Tat jetzt noch weh!

„Fresse ist kein Verb", flüsterte Christoph Jörg zu. „Glatze auch nicht. Das sind beides Substantive."

„Weiß ich doch selbst, Kolumbus", zischte Jörg zurück. „Spiel dich nicht wieder auf, Professor." Und dann trat Jörg ihm einfach so unterm Tisch gegen das Schienbein.

Autsch! Christoph verzog das Gesicht. Er hatte Jörg doch nur davor schützen wollen, dass er etwas Falsches vorlas!

Frau Henne lief durch die Klasse, sie schaute Christoph über die Schulter und nickte. Bei Jörg blieb sie stehen und meinte: „Das sind keine richtigen Wörter. Das weißt du ganz genau, Jörg."

„Klar", sagte der zu Frau Henne und grinste sie an. „Das sind aber geile Wörter."

„Geil ist auch kein richtiges Wort", sagte Frau Henne ungerührt.

Jörg schielte zu Christoph hinüber, ob der wenigstens über seine Witze lachte.

Aber Christoph lachte überhaupt nicht, er dachte gerade an Kolumbus. Er hatte gestern ein Buch über den großen Entdecker zu Ende gelesen. Dort waren sogar echte Abschnitte aus Kolumbus' Tagebuch abgedruckt. Kolumbus erzählte, wie er seine Weltumsegelung geplant hatte.

Was der für Mut gehabt hatte! Sogar zum König war der gegangen. Hatte sich Gold besorgt für ein riesengroßes Segelschiff. Danach musste er Leute anheuern. Eine Mannschaft, die die ganze Welt umsegeln sollte. Toll!

Christoph pulte an seinem Wackelzahn. Das tat er immer, wenn er nachdachte.

Ein bisschen Kolumbus war er ja schon, aber eben nur dem Namen nach. Nachher, in der großen Pause, würden ihn die anderen wieder in die Ecke schubsen und piesacken. Und schon war er kein richtiger Kolumbus mehr! Auch wenn sie ihn so nannten.

Was der echte Kolumbus wohl an seiner Stelle getan hätte? Christoph überlegte.

Da gab es so ein Kapitel in seinem Buch, das hieß „Angriff und Verteidigung". Und dort stand, dass Christoph Kolumbus einfach laut geschrien hatte, wenn er angegriffen wurde. Das hatte er auch seinen Matrosen beigebracht. Die hatten einfach losgeschrien bei einem Angriff. Und dann waren meist alle weggelaufen und *plitsch!* und *plum!* um die Ecke herum.

Christoph Kolumbus hatte in sein Logbuch geschrieben: „Der schrille Schrei erschreckt den Angreifer. Der erstarrt für mehrere Sekunden. In der Zeit kann der Angegriffene aktiv werden: ausweichen, wegrennen, Hilfe holen oder einfach sich stark machen, durchatmen und hoch aufrichten. Damit kann man die Feinde in die Flucht treiben."

„Ich kann das auch", flüsterte Christoph zu sich und richtete sich auf.

„Was hast du gesagt, Kolumbus?" Jörg rammte ihm den Ellbogen in die Seite.

Aber Christoph reagierte nicht. Christoph Kolumbus hätte es ihm gleichgetan. Ein echter Seefahrer achtete doch nicht auf einen doofen Jörg!

Als sie dann alle zur Pause die Treppe hinunterstürmten, fühlte sich Christoph superstark! Zum ersten Mal hatte er es geschafft, Jörg einfach nicht zu beachten! Und das war gar nicht so schwer.

Klasse! Er freute sich schon auf heute Nachmittag, da wollte er das ganze Buch noch mal lesen. Hoffentlich musste er nicht mit Mama Zimmer aufräumen!

Doch plötzlich wurde Christoph von hinten

unsanft gepackt, einmal ans Bein getreten –
das Knie knickte ein, er knallte auf den
Boden. *Bum!* Mensch,
tat das weh!

„Fresse polieren?", fragte Jörg von
hinten. „Das ist ein Verb, das es nicht gibt?
Dann wollen wir dich mal vom Gegenteil
überzeugen."

Und Jörg ballte schon die Faust.

In dem Augenblick erinnerte sich
Christoph an Kolumbus. Und er stieß ganz
schnell einen sirenenartig schrillen Schrei
aus.

Jörg sprang hoch, rannte weg, alle stoben auseinander wie aufgescheuchte Hühner.

Christoph lag alleine da mit seinem gellenden Schrei, der sich über ihm aufgebäumt hatte wie ein Schutzschirm.

Frau Henne kam angerannt und ein paar Schüler aus der 4a: „Was ist los, Christoph? Was ist passiert? Hast du dir wehgetan?"

„Die kriegen mich nicht! Niemals!", platzte Christoph einfach so heraus.

Frau Henne war erschrocken und sprachlos. Sie half Christoph auf. Ob sie ihn fragen würde, wer „die" sind? Das sollte sie eigentlich nicht und sollte sie eben wieder doch.

„Nein", entschied Christoph für sich selbst. Er würde sich schon alleine helfen.

Er war stark und boxte in die Luft. Stark wie Kolumbus. Aber trotzdem war die Angst noch da.

Am Mittag nach der Schule kam Kai mit ihm. Sie gingen zusammen über den Schulhof auf das große Tor zu.

Christoph mochte Kai. Der war erst seit einem halben Jahr in seiner Klasse, aber wirklich nett! Vielleicht könnte er dem mal von Christoph Kolumbus erzählen?

Aber Kai war immer sehr beschäftigt. Der übte nachmittags Klavier oder spielte Hockey. Deswegen hatte er sich mit Kai noch nicht treffen können. Kai war irgendwie auch so ein Christoph-Kolumbus-Typ. „Da hinten kommt meine Mutter, die holt mich ab", sagte Kai mitten in Christophs

Gedanken. „Willst du mich nicht mal besuchen kommen? Wir könnten ein Computerspiel machen. Oder auch was anderes, wenn du magst."

„Klar", sagte Christoph sofort.

„Super", freute sich Kai und war – *schwups!* – schon hinter der Wagentür verschwunden. Christoph hatte noch nicht mal Kais Mutter gesehen.

Der Wagen brauste um die Ecke. Christoph hüpfte nach Hause.

Am nächsten Morgen winkte Kai ihm von Weitem zu. Er stieg gerade aus dem Auto.

Als Christoph zurückwinken wollte, wurde er von Jörg am Arm gepackt und auf den eisglatten Boden gerissen.

Boing! Schon knallte Christoph auf den

Hinterkopf. Tausend Sterne schwirrten in seinem Kopf. Und tausend Fäuste und Nadeln, die piksten.

Aua! Da stellte Jörg auch noch seinen dicken, fetten Schuh auf Christophs Bauch.

„Liegen bleiben, klar?"

Plötzlich schrie von hinten einer: „Aufhören! Klar?"

Das war Kai.

„Loslassen, und zwar sofort, Jörg."

Und das Wort „Jörg" zog die Kai-Stimme dabei ganz lang, sodass jeder es mitbekam: „Jöööööörg."

Jörg schaute Kai total überrascht an.

„Noch so eine Rotznase! Du willst wohl auch eine draufhaben, was?"

Und er wollte sich gerade wieder zu Christoph drehen, da schrillte eine Trillerpfeife Alarm.

Alle kamen angerannt, Lehrer, Schüler und sogar der Hausmeister.

Jörg ließ los.

Christoph lag immer noch am Boden. Mit seinen tausend Nadeln im Kopf. Der ganze Kopf war ein riesiger blauer Fleck! Und ließ sich überhaupt nicht bewegen.

Frau Henne kam angerannt: „Bist du verletzt?"

„Ja", antwortete Kai für ihn und sagte: „Ich glaube, der muss zu meinem Vater. Er ist Arzt im Krankenhaus."

Und wie von selbst zog Kai ein Handy aus dem Rucksack und steckte seine Trillerpfeife grinsend in die Hosentasche.

Kurz darauf kam ein Notfallwagen.
Kai verschwand hinten, Frau Henne vorne
im Wagen. Jörg stand
da mit offenem Mund.

Christoph musste
zwei Tage im
Krankenhaus
bleiben. Mama
hatte ihm das Buch von
Christoph Kolumbus mitgebracht. Auch Kai
besuchte ihn.

Als er das Buch entdeckte, meinte er:
„Gut, was?"

Christoph nickte. „Superklasse. Was
der sich getraut hat. Der ist eingedrungen
in das Land, der hat sich mit den Indianern
geeinigt, dass sie dort siedelten. Viel besser

als die anderen später. Die haben nämlich nur draufgehauen und niedergemacht."

Kai sah das genauso. „Kolumbus hatte eben Superstärke und Respekt – das haben nur große Leute."

Das gefiel Christoph. Da öffnete sich die Tür. Kais Vater kam herein. Er sah seinen Sohn, drehte sich zu Christoph und sagte: „Ich freue mich, dass mein Sohn endlich einen Freund gefunden hat. Kommst du uns mal besuchen? In ein paar Tagen bist du wieder ganz gesund. Und dann will ich dich bei uns sehen, klar?", sagte er mit einem Zwinkern in den Augen.

„War fast gut, dass Jörg mich auf den Boden geschmissen hat", meinte Christoph. „Der hat nämlich unsere Freundschaft beschleunigt."

„Und ‚beschleunigen' ist ein echtes Verb",
sagte Kai grinsend.

Sie mussten beide lachen.

Frau Henne sprach in der Zwischenzeit
mit Jörg.

Wenn sich so etwas wiederholte, würde
sie sofort die Schulleitung informieren, sagte
sie. Und dann würde Jörg von der Schule
verwiesen werden.

„War doch bloß Spaß", sagte Jörg.

Aber Frau Henne meinte, dass das die
schlimmste und feigste Ausrede sei.

Frau Henne sprach auch mit Christoph,
als der aus dem Krankenhaus zurück
war.

„Wenn du merkst, dass Jörg und die
anderen dich wieder einschüchtern und

bedrohen, dann kommst du sofort zu mir, hörst du?", sagte sie und war dabei sehr ernst.

„Will ich versuchen", sagte Christoph.

Das hörte sich leicht an und war so schwer. Denn da musste man auch das Schämen und die Kribbelangst überwinden. Und dafür musste man superstark sein. Ob er so stark schon war?

Christoph sagte zu Kai: „Frau Henne will, dass ich Jörg beim nächsten Mal verpfeife. Soll ich?"

Kai überlegte. „Dann fühlst du dich verdammt klein und schämst dich, was?"

Christoph nickte.

Doch auf einmal schoss ihm ein Gedanke in den Kopf: „Vielleicht muss man einfach einen Schalter umlegen im Kopf: von Kleinsein und Sich-schämen zu Groß-und-Cool-sein."

„Klasse", sagte Kai. „Von klein auf groß schalten. Das gefällt mir."

Christoph hatte von Kai auch noch ein zweites Buch über Kolumbus geschenkt bekommen. Und darin hatte er noch etwas anderes gefunden, was er wirklich supertoll fand.

Damit er bei seinen Matrosen und bei seiner Mannschaft jede Stimmung ablesen konnte, hatte Christoph Kolumbus gelernt, aus Gesichtern zu lesen. Kolumbus hatte in sein Logbuch geschrieben: „Ein Mann muss Gesichter lesen können. Er muss sehen können, wenn seine Mannschaft traurig und lustlos wird. Er muss sehen können, wenn seine Mannschaft gut drauf ist. Er muss sehen können, wenn seine Mannschaft wütend ist, vielleicht sogar rebellieren wird."

Wenn der Mund nach unten gezogen ist, sind die Menschen traurig. Ein trotziger Mund ist zusammengepresst. Die Augen sind zugekniffen, alles ist steif. Vor solchen Mündern muss man Angst haben.

Auch von den Augenbrauen kann man

eine Menge ablesen. Ist die Stirn faltig und sind die Brauen in der Mitte zusammengezogen, braut sich dicker Ärger an.

Christoph Ko- lumbus hatte sogar

vorm Spiegel geübt, wie man jemanden stark anschaut: Kopf und Körper müssen aufrecht sein, dann muss man tief durchatmen und bis fünf zählen, damit das Herz aufhört zu klopfen und die Stärke sich langsam im ganzen Körper ausbreitet. Dabei muss man dem anderen in beide Augen schauen.

Christoph übte „stark gucken" vorm Spiegel. Wie der echte Kolumbus. Das fand er total gut.

Als Kai ihn besuchte, übten sie zusammen. Machte großen Spaß zu spielen, lässig zu sein,

den coolen Blick auszuprobieren. Das alles gehörte zu echter Stärke.

Man musste aber auch wissen, wo das Spiel aufhörte.

Und mit Kai war das gar nicht peinlich. Der wusste nämlich auch, dass richtige Stärke nicht einfach – *plumps!* – da war. Dass man echte Stärke üben musste, weil die keiner einfach hatte, noch nicht mal Kolumbus. Keiner!

Am nächsten Morgen lauerte Jörg wieder Christoph auf. Da erinnerte sich Christoph an Kolumbus: Er atmete tief durch, pumpte sich voll mit Kraft, schaltete von klein auf groß, guckte ganz stark.

Christoph zeigte ihm: „Ich will das nicht mehr. Hör auf mit dem Scheiß. Das ist un-fair. So findest du niemals Freunde."

Und dabei setzte er seine Baseballkappe in den Nacken. Es funktionierte.

Jörg drehte sich um und ging. „Ist mir zu blöd."

Christoph ging in die Klasse, setzte sich auf seinen Platz und pulte an seinem Wackelzahn.

„Stark werden wie Kolumbus", schrieb er in sein Heft. „Stark gehen, stark gucken und denen sagen, wie unfair sie waren, die damit überrumpeln."

„Christoph, sag uns mal das nächste Verb!"

Frau Henne stand vor ihm.

„Überrumpeln", sagte er sofort. Und als

Frau Henne nicht sofort antwortete, sagte er noch hinterher: „Stark gucken, stark sein."

„Okay", sagte Frau Henne. „Das sind wirklich starke Verben. Schreibst du sie mal an?"

Sie waren ja immer noch bei den Verben!

Christoph ging an die Tafel und schrieb:

„Luft holen
Kraft holen
stark gucken
üben"

„Sich immer wieder selbst von klein zu groß machen!"

Aber das schrieb er nicht an die Tafel. Bei „klein zu groß" wusste er, das war kein Verb.

Aber „machen" war ein Verb. Ja, jeder konnte etwas machen. Sich stark machen – wie Kolumbus. Umschalten im Ernst und im Spiel.

Dabei merkte er auf einmal, dass sein Wackelzahn ausgefallen war. Er nahm ihn geschickt in die eine Hand und schrieb an die Tafel:

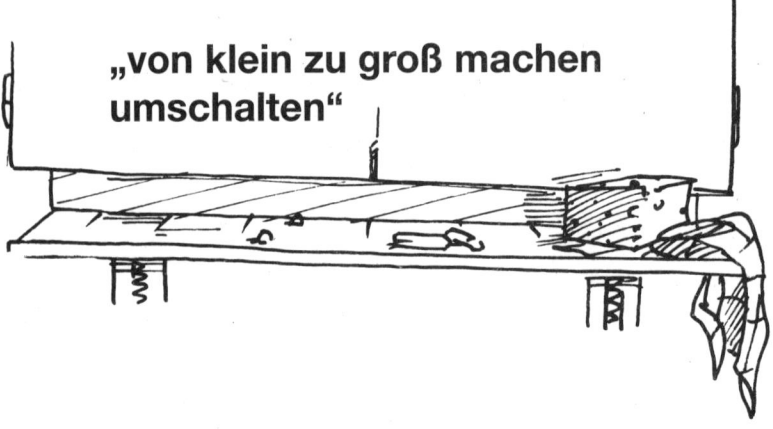

„von klein zu groß machen umschalten"

Von Coolen, Petzen und Grenzen

Seitdem Den-Oli in unserer Klasse war, hatten wir wirklich viel Spaß. Aber auch genauso viel Ärger.

Den-Oli hieß eigentlich Oliver, wollte aber Dennis heißen. Deswegen nannte er sich Den-Oli, das klang geheimnisvoller. Und wenn einer das nicht sofort begriff, sagte er: „Hey, Alter, hast wohl nichts gecheckt? Ist ja crazy!"

Wenn Den-Oli etwas toll fand, dann sagte er: „Ey, Mann, ey. Total und superaffengeil, echt geile Sache."

Viele von den Wörtern sind auf Englisch. Und weil wir Englisch lernten, fanden viele von uns das richtig gut.

Alle wollten auf einmal so sprechen. Ich auch. Ich übte sogar zu Hause vorm Spiegel, setzte meine Baseballkappe auf, pflanzte mir einen Kaugummi in den Mund und begrüßte mich mit: „Ey, Alter, was geht?"

Das sagten wir auch morgens zur Begrüßung in der Schule. Früher hatten wir „Morgen" gesagt oder „Guten Morgen".

Frau Rüschhof, unsere Klassenlehrerin, fand das natürlich gar nicht witzig.

Sie ermahnte uns immer und immer wieder, bis sie schließlich anfing, Strafarbeiten auszuteilen.

Den-Oli traf es am häufigsten. Aber das ließ ihn – völlig cool, was sonst.

Ich bekam zwar keine Strafarbeiten, aber dafür Ärger mit Papa. Denn natürlich musste ich auch zu Hause unter Beweis stellen, was Den-Oli uns alles beigebracht hatte.

„Aber der ist wirklich nicht so schlimm, nur weil der so redet", entschuldigte ich Den-Oli. „Ist doch nur Spaß!"

Aber Papa meinte, dass irgendwo der Spaß aufhöre und dass das kein respekt-voller Umgang mit Mitmenschen sei.

Papa! Der redete auch komisch. Aber anders komisch. Ob er das wusste? Respekt, gutes Verhalten, Grenzen ein-halten – das waren seine Lieblingsthemen. Ich muss zugeben, dass ich nicht immer verstand, was Papa meinte.

Den-Oli war cool, keine Frage. Der traute sich einfach total viel, war supermutig und hatte nie Angst. Wir alle bewunderten ihn.

Als Den-Oli eines Tages kam und meinte, er würde eine Clique gründen, wollte natürlich jeder dabei sein. Mitglied in Den-Olis Clique! Das war eine Ehre! Den-Oli meinte, dass er seine Leute beschützen würde, vor fiesen Lehrern und so.

„Ist ja echt supergeil", dachte ich.

„Ey, Alter, voll sozial von dir", sagte Mark.

Und Lea meinte: „Echt coole Sache, Mann!"

Aber Den-Oli fand wohl nicht alle von uns cool, denn er ließ nur drei in seiner Clique mitmachen: Jacqueline, Hannes und Dennis.

Das fanden die anderen dann nicht so toll.
Und ich auch nicht! Warum beschützte der

nicht alle? Warum nur
ein paar?

Und Tantomi und
Erik trauten sich, ge-
nau das zu fragen.

Da rastete Den-Oli
plötzlich voll aus.

„Du Negerkuss
traust dich ja
was", sagte er zu
Erik. „Du gehörst noch nicht mal hierher in
unser Land, Alter. Und da soll ausgerechnet
ich dich bei mir aufnehmen? Ich bin doch
nicht crazy!"

Den-Oli wandte sich an Tantomi.

„Und du, Schlitzauge?", grinste er.

„Siehst du eigentlich durch deine Augen nur einen Schlitz von der Welt oder kriegst du mehr als die Hälfte mit?"

Ein paar lachten. Ich fand das überhaupt nicht lustig und Tantomi schluckte. Plötzlich kullerte eine Träne über ihre Wange.

„Brauchst nicht zu heulen, Schlitzauge. Von den Tränen werden die Augen noch kleiner."

Da wurde ich richtig sauer! Tantomi war Thailänderin und Eriks Vater kam aus Afrika. Na und? Nur weil einer eine andere Hautfarbe oder andere Augen hat, ist er doch trotzdem ein richtiger Mensch, der genauso viel wert ist wie die anderen! Alle Menschen sind doch gleich!

Das erklärte mir Papa mal, und damit hatte er wirklich recht!

Papa meinte auch, dass die meisten Menschen immer nur sich selbst sehen und dass es viel zu wenige gibt, die sich für die Schwächeren einsetzen.

Ich wollte keiner von denen sein – nein!

Den-Oli wollte gerade mit Dennis und Jacqueline lässig weggehen und sich mit denen kaputtlachen, als ich mich breitbeinig vor ihn stellte, ihm ins Gesicht schaute und sagte: „Das ist überhaupt nicht witzig. Das ist total gemein, was du sagst. Du willst dich doch nur groß machen, den Dicken spielen. Kannst du auch noch was anderes?"

„Komm, geh zur Seite, Bleichgesicht. Du nervst!"

„Ich warte", rief ich und blieb stehen. „Hast du nicht mal so viel Mut zu antworten?"

„Mut, Mut", antwortete Den-Oli. „Du weißt doch selbst nicht, was das ist."
Er verdrückte sich.

Ganz langsam bekamen wir alle Wut auf ihn. Denn das war keine coole Lässigkeit mehr, das war einfaches Sich-drücken und Feigheit.

Ich erzählte alles Papa. Der war stolz auf mich. Aber der war auch stinkesauer auf Den-Oli. Er wollte mit Frau Rüschhof reden. So konnte das ja schließlich nicht weitergehen.

Doch es ging so weiter. Frau Rüschhof hatte an Den-Olis Eltern einen Brief geschrieben. Sie sollten zu einem Gespräch in die Schule kommen. Aber sie kamen nicht. Und ans Telefon gingen sie auch nicht.

Den-Oli hörte nicht auf. Er machte dumme Sprüche, ärgerte unsere Lehrer und war gemein zu Erik und Tantomi.

Das Schlimmste aber pas-
sierte kurz vor den Som-
merferien. Frau Rüsch-
hof fragte, wer sich in
der Zeit um Pumper-
nickel kümmern könnte. Pumpernickel war unser Klassenhamster.

Am liebsten hätte ich mich sofort ge-
meldet! Pumpernickel war so süß und ein Tier wünschte ich mir schon lange! Aber Mama erlaubte es nicht. Nicht mal zur Pflege!

„Der macht nur Dreck und lässt dich nachts nicht schlafen", sagte sie.

Als ob das Argumente seien. Das würde Papa sicherlich genauso sehen.

Papa war da ein bisschen cooler. „Cool" war das einzige Wort, das ich von Den-Oli behalten hatte. Pumpernickel musste versorgt werden. Wichtig war, dass er jeden Tag genug zu fressen und zu trinken bekam und regelmäßig einen neuen Verband.

Frau Rüschhof war gestern mit Pumpernickel beim Tierarzt gewesen. Er hatte sich an der Pfote verletzt und einen Verband bekommen, der noch eine Woche draufbleiben musste.

„Wer fährt weg?", fragte Frau Rüschhof.

Fünf Finger flogen in die Luft.

„Hm, dann könnt ihr ihn schon mal nicht nehmen."

„Ist jemand in eurer Familie allergisch?",
fragte Frau Rüschhof weiter.

„Meine Mutter hat eine Allergie gegen
Schweinefleisch, darf die dann kein Tier
haben?" Den-Oli prustete los.

Frau Rüschhof blieb ganz ruhig.

„Nein, ich meine das ernst, Den-Oli",
sagte sie. „Wer eine Allergie gegen Tier-
haare hat, muss sofort niesen, wenn er
damit in Berührung kommt. Oft reicht es
schon, dass das Tier im gleichen Raum ist."

„Meinen Sie, das wüsste ich nicht?"
Den-Oli war halb beleidigt, weil fast keiner
über seinen Witz gelacht hatte. „Ich hab
aber keine Allergie. Ich will Pumpernickel!",
rief er weiter einfach in die Klasse. Als sei
er der Einzige hier. „Und ich krieg den
auch!"

Frau Rüschhof tat so, als hätte sie das nicht gehört, und sagte: „Morgen besprechen wir alles Weitere."

In der Pause schlich Den-Oli zu dem Käfig. Er machte ihn blitzschnell auf und klaute Pumpernickel einfach so heraus! Und als er merkte, dass ich und ein paar andere ihn beobachteten, steckte er Pumpernickel in die Hosentasche.

„Der erstickt doch!", rief ich.

„Halt die Klappe, Bleichgesicht", brüllte Den-Oli mich an.

„Gib den sofort wieder her, das tut dem bestimmt an seiner Wunde weh", schrie Urs.

„Na und? Der hält das schon aus. Ich will den nur für ein kleines Späßchen."

Und dabei drückte Den-Oli fest zu, sodass Pumpernickel fiepte.

Mensch, war der gemein! Und ohne Mitgefühl! Wir rannten ganz aufgeregt zum Lehrerzimmer zu Frau Rüschhof. Wir mussten das erzählen, da wurde jemandem wehgetan. Wir mussten Pumpernickel retten!

Frau Rüschhof ging sofort mit, nahm Den-Oli Pumpernickel ab und sagte, jetzt wäre endgültig eine Grenze erreicht.

Danach gab es Krach in der Klasse. Riesenkrach!

Den-Oli sagte, das wäre nur Spaß gewesen. Wir sagten, das wäre kein Spaß mehr.

Den-Oli sagte, das wäre echter Mut, wenn man versuchte, Pumpernickel mal kurz zu entführen. Wir sagten, das wäre kein Mut, sondern es wäre Mut, dass wir ihn gestoppt und Frau Rüschhof geholt hätten.

„Ihr seid alle Petzen!", sagte Den-Oli. „Echte Petzen meinen immer, dass sie alles verraten müssen."

„Petzen ist doch nur ein Angstwort der Ärgerer. Weil die Angst haben, dass sie auffliegen, nennen die alle, die sprechen, Petzen." Tantomi war ganz böse.

Ich fragte Mama zu Hause, ob es denn wirklich so große Unterschiede zwischen den Gedanken in den Köpfen der Menschen gäbe. Wenn der eine sagte, Mut sei das, und der andere sagte, es sei das Gegenteil, könnte man doch überhaupt nicht mehr zusammenleben, oder?

„Das ist doch das Problem", sagte Mama. „Wir haben heute viel zu viele, die meinen, sie könnten alles bestimmen, sogar für andere."

„Dabei bin ich doch am liebsten ein Selbstbestimmer", seufzte ich.

„Aber es gibt eben auch Grenzen und Regeln, die für alle gelten, auch für Selbstbestim- mer", sagte Mama. „Und solche wie Den-Oli meinen, dass diese Grenzen und Re- geln und Gesetze für sie nicht gelten. Das ist ein großes Problem."

„Dann sind die gar keine richtigen Selbstbestimmer?", überlegte ich.

„Nein", sagte Mama. „Weil die die Grenzen nicht einhalten, und das gehört zur echten Selbstbestimmung. Weil du ja selbstbestimmt mit anderen Menschen leben musst."

Das erzählte ich am nächsten Tag in der Schule.

Frau Rüschhof fand das klasse und hatte eine Superidee. „Jeden Dienstag in der ersten Stunde machen wir eine Regeln-und-Grenzen-Stunde", sagte sie.

„Blöd, ey", sagte Den-Oli.

„Cool, toll", lachten wir.

Denn mit Den-Oli in einer Klasse war es nötig, Grenzen und Regeln zu besprechen.

Frau Rüschhof meinte, das sei Rüstzeug für unser Leben. Hörte sich fast spannend an.

Mit Frau Rüschhof besprachen wir auch, dass man beim vielen Coolsein Grenzen überschreiten könne. Dann würde das Coole, das erst Spaß machte und stark machte, einfach umkippen, und die Grenze sei überschritten.

„Und wann genau ist das?", fragte ich.

Frau Rüschhof erklärte: „Cool heißt kühl und kalt. Wenn man kühl ist, lässig, die Angst wegstecken kann, grinsen kann, witzig ist, bewundern einen viele."

„Aber", sagte sie ganz streng, „cool kann auch in kalt umkippen. Wenn man cool einem anderen wehtut und es gar nicht sehen will."

Ich musste an Tantomi denken und an Erik. Ich dachte auch an Pumpernickel. Das war wirklich kalt. Das hatte mit lässig-kühl nichts mehr zu tun.

Urs, Tantomi und Olaf schlugen vor, ein Plakat zu malen.

„Wir müssen alles aufschreiben", sagte jetzt Urs.

„Damit wir nachlesen können, was Mut und Wut und Petze und Coolsein wirklich ist. Dann hat man etwas zum Festhalten."

„Weil die Wörter und Gedanken, wenn man geärgert wird, fast wie Wackelpudding im Kopf rumwackeln", sagte Tantomi.

„Deswegen wollen wir das machen. Weil man dann

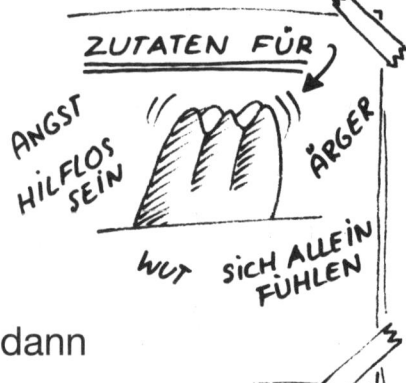

wieder nachschauen kann, was denn jetzt stimmt."

Erik meinte: „Wenn Ärgerer nämlich sagen: ‚Du bist eine Petze', glaubt man das mit dieser Wickel-Wackel-Angst im Kopf wirklich."

Das Plakat ist wirklich toll geworden! Es steht darüber: „Wörterbuch für wirklich Starke". Nur Den-Oli hat es nicht gefallen. Aber das interessierte uns nicht. Überhaupt interessierte der uns jetzt gar nicht mehr. Und: Ey, das war wirklich cool!

Wörterbuch
für wirklich Starke

Bestimmte Wörter müssen immer wieder
erklärt werden, weil wir von Ärgerern oft
unsicher gemacht werden.

Sicher warst du auch schon mal in der
Situation: Jemand schubst dich und du
fällst zu Boden.

„Ihr habt mich hingeschmissen!", sagst du
und bist wütend.

Aber die gemeinen Ärgerer grinsen dich
nur an und meinen: „Wir dich hingeschmissen? Was können wir denn dafür,
wenn du nicht richtig laufen kannst!" Oder
sie benutzen Ausreden wie: „Das war doch
bloß Spaß!"

Und schon wirst du unsicher, ob du nicht

vielleicht doch Mitschuld hast. Was stimmt? Was stimmt nicht? Wer sind die Täter und wer die Opfer?

Um dieses Durcheinander im Kopf klären zu können, ist dieses Wörterbuch da.

Allein

Täter haben ein großes Interesse daran, ihr Opfer einsam zu machen. Als Erstes schlagen sie das Opfer, damit es sich klein und sie sich groß fühlen. Als Zweites verbieten sie dem Opfer, sich Verbündete zu suchen oder Erwachsene einzuweihen. Als Drittes wird dem Opfer gedroht: „Wenn du doch den Mund aufmachst, bist du eine Petze!" Damit hat das Opfer Redeverbot. *Aber:* Du bist keine Petze! Du musst reden, sonst bist du völlig allein. Und das wollen

die Täter. Allein bist du in ihrer Macht.
Zusammen mit anderen bist du stark.
Stark gegen die gemeinen Ärgerer.

Cool

Cool heißt kühl. Cool heißt aber auch kalt.
Es gibt beides. Zwischen kühl und kalt
verläuft jedoch eine Grenze, die wir kennen
müssen. Cool-kühl müssen wir alle sein.
Wir müssen Angst, Wut und Ärger ruhig
und langsam in uns abkühlen. Damit wir
nicht platzen und andere dadurch verletzen. Denn das machen die Cool-Kalten.
Sie reißen witzige Sprüche und machen
dumme Bemerkungen – auf Kosten anderer.
Sie lachen aus, sie grenzen aus, sie setzen
herab. Cool-Kalte haben viel Kälte und
wenig Einfühlungsvermögen. Sie haben

kein Mitleid, zeigen keine Reue. Sie haben die Gefühle in sich „gefrostet". Cool-Kalte sind sich selbst am wichtigsten und wollen nur eins: Macht.

Fair – Unfair

Wir alle haben im Laufe der Zeit gelernt, was fair ist. Fair ist, sich einen angemessenen Partner zu suchen. Fair ist, höflich und ehrlich zu handeln und Grenzen zu respektieren. Die Täter aber sind unfair: Sie gehen zu mehreren auf einen los. Sie gehen auf Größere auf Kleinere los und machen sie fertig. Sie tun anderen weh und sagen einfach: „Na und?" Cliquen oder Banden neigen dazu, Spielregeln in einer Gruppe zu verändern – andere auszugrenzen, andere fertigzumachen. Das ist unfair.

Grenze

Jeder Mensch hat eine Grenze in sich.
Das ist sein eigener Bereich. Das ist wie
ein Kreis, den man um sich zeichnet.
Deine Grenze darf keiner überschreiten,
außer du gibst ihm ausdrücklich die Er-
laubnis dafür. Täter wollen keine Grenzen
und verletzen sie absichtlich. Sie versuchen,
durch Schimpfworte oder durch körperliche
Gewalt, den anderen klein zu machen, zu
demütigen, Macht über ihn zu bekommen.
Bei jeder Grenzüberschreitung musst du
sagen: „Stopp! Die Grenze ist erreicht.
Bis hierher und keinen Schritt weiter."

Hilfe holen

Du musst dir Hilfe holen! Täter sind natürlich
dagegen. Sie sagen: „Wenn du das machst,

bist du ein Feigling." Aber das stimmt nicht! Feige sind die Täter. Die trauen sich auch meist nur in einer Gruppe. Auch wenn du dich klein und allein fühlst und schämst, hab den Mut zu sprechen! Am besten heimlich, ohne dass die Täter das merken. Du schaffst das! Dann bist du wirklich stark!

Mut

Bei dem Wort „Mut" gehen die Meinungen von Opfern und Tätern weit auseinander. Die Opfer sagen, Mut ist, wenn man seine Angst überwindet und handelt. Dazu gehören Achtung und Respekt. Die Täter dagegen sagen, Mut ist, wenn man anderen beweist, dass man der Stärkere ist. Dabei machen die Täter oft den anderen mit

Worten oder Fäusten klein, damit sie sich selbst größer vorkommen und Macht haben. Dieser Mut, der dem anderen wehtut, ist kein echter Mut. Er ist ein Machtspiel.

Mutprobe

Wenn jemand Mitglied in einer Bande werden will, muss er meist eine Mutprobe bestehen. Der Anführer der Bande bestimmt, wie diese Mutprobe auszusehen hat. Er gibt Regeln vor. Jedoch ist schon von vornherein klar, dass der, der die Mutprobe machen soll, keine Chance hat. Denn in dem Moment, wo sie zu gelingen scheint, werden oft die Regeln durch den Anführer verändert. Der Verlauf der Mutprobe verschärft sich, ein Gelingen wird unmöglich. Die Macht und Schadenfreude der anderen werden dagegen gesteigert. Deswegen ist es besser, auf Mutproben zu verzichten und denen zu sagen: „Ihr seid unfair! Ihr verändert Regeln, von denen ihr genau wisst, dass niemand sie einhalten kann. Das ist keine Mutprobe. Das ist gemein."

Schreien

Schreien ist ein wirksames Mittel gegen Gewalt. Wenn dir irgendeiner zu nahe kommt, dir droht oder sogar etwas tut, dann schrei, so laut du kannst. Am besten übst du den Schrei vorher, damit er dir im Ernstfall nicht plötzlich in der Kehle stecken bleibt. Wenn du schreist, erschrecken die Angreifer, sie erstarren und du kannst weglaufen oder Hilfe holen.

Stark – Scheinstark

Stark sind die, die in der Klasse anerkannt sind oder durch besondere Leistungen glänzen.

Wer diese Stufe der Stärke nicht erreicht, versucht, sich durch Angeben stark zu machen. Wenn er das nicht schafft, macht er sich auf Kosten anderer groß. Und wenn das nicht klappt, schlägt er oft um sich.

Dabei hat Starksein nichts mit Schlagen zu tun. *Im Gegenteil:* Wirklich Starke lösen ihre Probleme ohne Gewalt. Sie sehen ihre Fehler ein, können sich dafür entschuldigen und lernen sogar daraus.

Wer lieber seine Fäuste einsetzt und auch noch glaubt, er sei im Recht, ist höchstens scheinstark. Wichtig ist, dass wir unsere

Stärke entdecken! Jeder hat Stärke. Auch du! Sie ist häufig in uns versteckt – wie in einer Schatzkiste.

„Stopp" sagen und stark gucken

Wenn dich jemand belästigt, dir vielleicht sogar Schläge androht, dann hilft es manchmal schon, ganz stark zu gucken. „Stark gucken" heißt, sich ganz fest auf beide Beine stellen und die Hände in die Hüften stemmen. Oder die Hände ganz deutlich zur Abwehr nach vorne strecken, dem Gegenüber tief in die Augen schauen und „Stopp!" sagen. Nur keine Angst zeigen! Oft überrascht das den Täter und er verzieht sich.

Nachwort

Liebe Eltern, liebe LehrerInnen,

immer häufiger erreichen uns Schreckens-
meldungen über Gewalt an Schulen, an-
gesichts deren Ausmaß wir uns hilflos und
ohnmächtig fühlen.

Wer macht so etwas? Und warum?

Fragen über Fragen, auf die wir keine
Antwort finden. Und mittendrin sind unsere
Kinder, die unmittelbar betroffen sind und
oftmals selbst Opfer gewaltsamer Übergriffe
ihrer Mitschüler werden.

Wir müssen etwas tun. Aber können wir
das überhaupt? Ja, wir können! Gegen
Mobbing und Gewalt können wir alle

etwas tun. Wir können unseren Kindern Hilfe geben, indem wir sie aufklären: wo die Grenzen sind, wo Spaß aufhört, wo Mobbing anfängt und zur Gewalt wird. Wann wir uns nichts mehr gefallen lassen dürfen, ganz entschieden „Stopp!" sagen und Hilfe holen müssen.

Wir können uns und unseren Kindern bewusst machen, bis wohin wir cool-kühl, also besonnen, abgeklärt, beherrscht sein dürfen und warum keiner cool-kalt, also mitleidlos, rücksichtslos, unbarmherzig werden darf.

Werte und Begrifflichkeiten können klargestellt werden. Was ist echter Mut? Was ist richtige Stärke? Was ist Coolsein? Wo beginnt Rücksichtslosigkeit?

Dabei helfen diese Geschichten.

Da sind zum Beispiel Tilda und Dina, Felix und Christoph. Sie alle sind Opfer von ganz unterschiedlicher Gewalt. Und sie alle finden langsam den Weg vom Opfer hin zum selbstbestimmt Handelnden.

Geschichten und ihre Figuren können etwas verändern. Wie können sie das? Wie wirken sie im Kopf und im Herzen? Geschichten erlauben es dem Leser, sich in eine Welt einzufühlen, die er sehr gut als seine eigene Realität kennt.

Kinder, die bereits Opfer sind, lernen dabei: Ich bin ja nicht allein mit dieser Situation. In den Geschichten gibt es jemand, dem geht es genauso wie mir.

Die Kinder „leihen" sich Worte aus dem Buch und beginnen zu sprechen – zuerst über die Personen im Buch. Das ist leichter und tut nicht so weh.

Indem sie sich mit den Figuren und deren Erlebnissen identifizieren, werden sie ermutigt, das ihnen meist auferlegte Redeverbot der Täter zu überwinden.

Und dabei sind sie ganz bestimmt keine Petzen, wie die Täter immer behaupten. Kinder, die Gewalt erleben, müssen sprechen! Dazu sollen diese Geschichten ermutigen.

Natürlich ersetzt keine Geschichte eine Therapie bei einem therapiebedürftigen Kind. Da ist eine Grenze.

Aber Geschichten können unseren Kindern Kraft geben, ihnen helfen, die eigenen Stärken zu entdecken oder wiederzufinden. Geschichten zeigen Handlungsmöglichkeiten auf. Denn wir alle wissen: Stumm zuschauen gilt nicht. Wir müssen Stellung beziehen gegen Gewalt. Wir alle. Eltern, Lehrer und Kinder.

Ihre Dr. Anne Bischoff
Ärztin in der Kinder- und Jugendpsychiatrie und -psychotherapie

Ihr Ingo Frödrich
Sozialpädagoge

Ihre Elisabeth Zöller
Autorin

LESERÄTSEL

∙∙

für: _____

_____

Gemein ist geheim

1. Wer sind die Fiesen Vier?

_____

_____

_____

_____

2. Warum hat Tilda Angst, zur Schule zu gehen?

_____

_____

_____

_____

_____

3. Sagt Tilda ihren Eltern, dass die Mädchen gemein zu ihr sind? Warum nicht?

_____

_____

_____

_____

4. Was rät Hannah Tilda und was hat sie vor?

_____

_____

_____

_____

5. Wer kommt Tilda zu Hilfe?

_____

6. Was machen Paul, Willi und Lena?

_____

_____

_____

_____

7. Wie reagiert Dina darauf?

_____

_____

8. Wie wird man seine Wut wieder los?

_____

_____

9. Was ist aus Dinas Wut geworden?

_____

_____

_____

_____

Felix' Detektivheft oder
Wie man echte Probleme löst

10. Warum findet Felix, dass in Hamburg alles besser war?

_____

_____

_____

_____

11. Was macht Nicola?

_____

_____

12. Welche Detektivprobleme schreibt Felix auf?

_____

_____

_____

_____

13. Welchen Plan hat Felix?

_____

_____

_____

_____

Kolumbus

14. Warum hat Christoph den Spitznamen Kolumbus?

_____

_____

_____

_____

15. Ist Christophs Banknachbar nett?

_____

_____

16. Was hat Christoph Kolumbus gemacht, wenn er angegriffen wurde?

_____

_____

17. Was passiert, als Jörg Christoph auf dem Pausenhof angreift?

_____

_____

_____

Von Coolen, Petzen und Grenzen

18. Was führt Den-Oli in der Klasse ein?

_____

_____

19. Wie reagieren die Erwachsenen darauf?

_____

_____

20. Was macht der/die Erzähler/-in, als Den-Oli Erik und Tantomi beleidigt?

_____

_____

_____

21. Was machen die Schüler, als Den-Oli den Hamster entführt?

_____

_____

_____

Elisabeth Zöller, geboren 1945 in Brilon, studierte Deutsch, Französisch, Kunstgeschichte und Pädagogik in Münster, München und Lausanne. Siebzehn Jahre lang war sie als Gymnasiallehrerin tätig, bevor sie sich 1987 ganz fürs Schreiben entschied. Neben Beiträgen für Zeitschriften und Anthologien hat sie einige Kinder- und Jugendbücher veröffentlicht. Für ihr jahrelanges Engagement gegen Gewalt wurde sie 2007 mit dem Bundesverdienstkreuz ausgezeichnet. Elisabeth Zöller lebt mit ihrer Familie in Münster. *www.elisabeth-zoeller.de*

Anette Bley wurde 1967 in der Nähe von Tübingen geboren. Nach dem Abitur studierte sie Grafik und Malerei zunächst in Mannheim und den USA, später an der Akademie der Bildenden Künste in München, wo sie 1996 als Meisterschülerin von Robin Page ihren Abschluss machte. Seit 1990 arbeitet sie als Steinbildhauerin und als Autorin und Illustratorin von Kinder- und Jugend- büchern.